Animales de otoño

Julie Murray

Abdo Kids Junior es una
subdivisión de Abdo Kids
abdobooks.com

abdobooks.com

Published by Abdo Kids, a division of ABDO, P.O. Box 398166, Minneapolis, Minnesota 55439. Copyright © 2024 by Abdo Consulting Group, Inc. International copyrights reserved in all countries. No part of this book may be reproduced in any form without written permission from the publisher. Abdo Kids Junior™ is a trademark and logo of Abdo Kids.

Printed in the United States of America, North Mankato, Minnesota.

052023
092023

Spanish Translator: Maria Puchol

Photo Credits: iStock, Shutterstock

Production Contributors: Teddy Borth, Jennie Forsberg, Grace Hansen

Design Contributors: Candice Keimig, Pakou Moua, Dorothy Toth

Library of Congress Control Number: 2022950866
Publisher's Cataloging-in-Publication Data

Names: Murray, Julie, author.
Title: Animales de otoño/ by Julie Murray
Other title: Fall animals. Spanish
Description: Minneapolis, Minnesota: Abdo Kids, 2024. | Series: Las estaciones: ¡Llega el otoño! | Includes online resources and index
Identifiers: ISBN 9781098267520 (lib.bdg.) | ISBN 9781098268084 (ebook)
Subjects: LCSH: Autumn--Juvenile literature. | Animals--Juvenile literature. | Animal behavior--Juvenile literature. | Seasons--Juvenile literature. | Spanish Language Materials--Juvenile literature.
Classification: DDC 525.5--dc23

Contenido

Animales de otoño . . .4

Más animales
de otoño. 22

Glosario 23

Índice. 24

Código Abdo Kids . . .24

Animales de otoño

¡Ya es otoño! Los animales están ocupados. Se **preparan** para el invierno.

Algunas aves migran hacia el sur.

¡Algunas mariposas también vuelan al sur!

El pelo de los venados se hace más **denso**. Esto los mantiene calientes.

Las tortugas se entierran.

Cavan en el lodo.

Las ardillas recogen frutos secos.

Algunos animales cambian de color. Las liebres americanas se hacen blancas.

17

Los peces se van a aguas profundas y se amontonan.

Los osos comen mucho para poder sobrevivir el invierno.

Más animales de otoño

la ardilla rayada

el búho

el mapache

el zorro

Glosario

denso
que contiene mucho y apretado.

preparar
estar listo para algo.

Índice

ardilla rayada 14

ave 6

liebre americana 16

mariposa 8

migración 6, 8

oso 20

pez 18

tortuga 12

venado 10

¡Visita nuestra página **abdokids.com** y usa este código para tener acceso a juegos, manualidades, videos y mucho más!
Los recursos de internet están en inglés.

Usa este código Abdo Kids

SFK2156

¡o escanea este código QR!